মাটির কাছাকাছি

কবিতার বই

চিন্ময় বিশ্বাস

Copyright © Chinmay Biswas
All Rights Reserved.

This book has been self-published with all reasonable efforts taken to make the material error-free by the author. No part of this book shall be used, reproduced in any manner whatsoever without written permission from the author, except in the case of brief quotations embodied in critical articles and reviews.

The Author of this book is solely responsible and liable for its content including but not limited to the views, representations, descriptions, statements, information, opinions and references ["Content"]. The Content of this book shall not constitute or be construed or deemed to reflect the opinion or expression of the Publisher or Editor. Neither the Publisher nor Editor endorse or approve the Content of this book or guarantee the reliability, accuracy or completeness of the Content published herein and do not make any representations or warranties of any kind, express or implied, including but not limited to the implied warranties of merchantability, fitness for a particular purpose. The Publisher and Editor shall not be liable whatsoever for any errors, omissions, whether such errors or omissions result from negligence, accident, or any other cause or claims for loss or damages of any kind, including without limitation, indirect or consequential loss or damage arising out of use, inability to use, or about the reliability, accuracy or sufficiency of the information contained in this book.

Made with ♥ on the Notion Press Platform
www.notionpress.com

পিতা মাতার অনুপ্রেরণা ও ইচ্ছাবল আমার জীবনের পাথেয়, এই বইটি তাঁদেরকে উৎসর্গ করতে পেরে নিজেকে ধন্য মনে করি ।

বিষয়বস্তু

1. সূচীপত্র

৩৯) যে থাকে মনের মাঝে

<u>বিবিধ</u>

2. আবেগ ও আবেদন

শান্তির আশায়

খুঁজে ফিরি শান্তি
শান্তি না পাই,
দিন কেটে যায়
শুধু যান্ত্রিকতায় ।
গতিময় চারিধার
নেই অবকাশ,
ম্রিয়মান চাঁদ-তারা
ব্যর্থ আকাশ।
এঁকে বেঁকে চলে নদী
আপন খেয়ালে,
আর বদ্ধ রই আমি
চার দেয়ালে।
বনে বনে ডাকে পাখি
মধুময় সুরে,
সুরভিত ফুলে ফলে
গাছ যায় ভরে।
রাতে চারিদিকে চলে
জোনাকির নাচ,
পৃথিবীর বুকে যেন
নক্ষত্রের রাজা।

নদীর জলেতে চলে
মাছেদের খেলা,
আকাশের বুকে ফেরে
মেঘেদের ভেলা ।
প্রকৃতি অনেক দূরে
থেকেও কাছে,
দেখেও না দেখা তারে
ব্যস্ততার মাঝে ।
আসলে সুখ খুঁজি
চার দেয়ালের মাঝে,
আধুনিক বিলাসিতায়
নইকো মত কাজে ।
স্বার্থের পঙ্কিলতায়
বন্দি সবাই,
ভ্রষ্ট লক্ষ্য হতে
হচ্ছি কলির জবাই ।
কত গাছ, কত প্রাণী
পৃথিবীর পরে,
কিবা উপকার হয়
তাদের তরে ?
কত না রোগের
ওষুধ এখন যে বাকি,
কি করে নির্মূল হবে
ভাবিব না তাকি ?
বিশ্ব ও জীবনের
সৃষ্টি রহস্য,
খুঁজিবে কেবা বল

কে করিবে স্পষ্ট ?
আর কত কিছু করার
আছে যে বাকি,
শুধু অর্থের দিকে ছুটা
অন্যতে ফাঁকি ।
সূর্যমুখীর মতো
সূর্যের সাথে
দিবসে জাগি
আর নিদ্রিত রাতে ।
তাই সুখ প্রজাপতি
শান্তির আশায়,
অশান্ত পৃথিবীতে
শান্তি না পাই ।।

লড়াই

লড়াই লড়াই লড়াই চাই,
বলছে মানুষ সবাই,
লড়াই ছাড়া বাঁচা দায়,
হবে কলির জবাই ।
সৃষ্টির পরে মানুষ,
মুঠোয় পাথর নিয়ে,
লড়াই করে রইল বেঁচে,
অনেক কষ্ট সহে ।
হিংস্রদের থাবার দ্বারা

পৃথিবী ছিল ঘেরা,
অগ্ন্যুৎপাত, বন্যা খরা,
আরও কত ফারা ।
লড়াই করে মানুষ
সবকিছুকে আনল অনুকূলে,
রুক্ষ পৃথিবী পূর্ণ হল
ফুলে আর ফলে ।
লড়াই করে গড়ল গোষ্ঠী
গড়ল জাতি দেশ,
চলছে লড়াই প্রতিনিয়ত
এর নেইক শেষ ।
চিন্তাভাবনায় ঘটছে বিকাশ
মনের সাথে লড়ে,
সৃষ্টি হচ্ছে অনেক কিছু
পৃথিবীর উপরে ।
যেন অমরাবতী করছে বিরাজ
এই বিশ্ব মাঝে,
সার্থক পৃথিবী তাই
মানুষের কাজে ।
তবে স্বার্থান্বেষী মানুষেরা
যখন লড়াই করে,
পৃথিবী তখন যেন
নরকের রূপ ধরে ।
আগ্রাসীভাব নিয়ে
অন্যের সর্বস্ব করে গ্রাস,
চায় নিজের বিলাশিতার বাহার
আর অন্যের বিনাশ ।

তাই বর্শা লাঠি তির ধনুক
আর তরয়ালের কাজ,
ক্রমেই ফুরিয়ে হচ্ছে
বন্দুকধারী বোমাবাজিদের রাজ ।
সমস্ত দেশ সশস্ত্র আজ
মহা মহা অস্ত্রে,
নেইকো খেয়াল
কোন মানুষের অভাব অন্ন বস্ত্রে ।
দেশে দেশে হত্যালীলা
আর সীমান্তে সন্ত্রাস,
লড়াই যেন যুদ্ধ আজ
লড়াই মানে ত্রাস ।
তাই যারা লড়াই চান
বলুন এসব লড়াই নয়,
যে লড়াই অথহীন
ঘটায় লোকক্ষয় ।
লড়াই করুন নিজের সাথে
আর প্রকৃতির সাথে
অস্তিত্ব জিইয়ে হাত
মেলাও অন্যের হাতে ।।

শিক্ষার প্রয়োজনীয়তা

অমাবস্যার অন্ধকার
যেমন পৃথিবীকে ঢাকে,

নিকটের বস্তু সকল
বিচ্ছিন্ন করে রাখে,
তেমনি তমসা আসে
জীবনের বাঁকে,
যদি থাকি কেউ
নিরক্ষরতার পাঁকে ।
নিরক্ষরতার অভিশাপ
অতি ভয়ঙ্কর,
মানুষকে করে যা
পর নিরভর,
দ্রারিদ্য দুঃখের জ্বালা
মাকড়সার মতো,
ঘিরে ফেলে শুষে নেয়
সম্পদ যতো ।
চোখ থেকেও
যেন চোখহারা,
বাকরুদ্ধ যুক্তি যুদ্ধে
হলেও মুখরা ।
জীবন থেকেও যেন
প্রাণহীন লাশ,
যদিও নিয়ম মেনে
চলে শ্বাস প্রশ্বাস ।
স্রোতহীন জলাশয়
যেমন পানায় ঢাকে,
বিপুল জলরাশি
অন্তরালে থাকে,
শিক্ষাবিনা তেমনি

বৃথায় বেঁচে থাকা
সব কিছু থেকেও যেন
দুনিয়াটা ফাঁকা ।
মানুষের প্রতি কোষ
শক্তির আধার,
পুঞ্জিভূত সর্ব শক্তিতে
মানুষ মহা শক্তিধর,
এই শক্তি পুঞ্জায়নে
প্রকৃতি হানে শর
তাইতো শিক্ষা ছাড়া
হয় সে নিথর ।
প্রকৃত শিক্ষা জীবনকে
আলোকিত করে,
সূর্য যেমন আলো দেয়
পৃথিবীর উপরে,
শিক্ষা মানুষকে দেখায়
সঠিক নিশানা,
অজ্ঞতা হয় দূর
সত্য হয় জানা ।
শীর্ষে উঠা সকলের
হয় সহজতর,
তাই শিক্ষার আলো পেতে
এসো কলম ধরো ।।

আমিও পারি

হ্যাঁ, আমিও পারি
পূর্ণিমার আলোয় একা
অবিরাম পথ চলতে,
রাতের আকাশে
তারাদের পানে চেয়ে
আপন মনে কথা বলতে।
আমিও পারি,
জলে ভিজে ভিজে
সারাদিন সাঁতার খেলতে,
গাছের ডালে
দোলনা বেঁধে
সারাদিন পারি দুলতে।
আমি পারি
ক্লান্তিহীনভাবে কাদা ঘেঁটে ঘেঁটে
ল্যাটামাছ ধরতে,
দিনরাত শুধু
বই হাতে নিয়ে
রবীন্দ্রনাথ পড়তে।
আমিও পারি
সকাল বেলায়
শিশির মেখে শিউলি কুড়াতে,
শূন্য আকাশের বুকে
অবিশ্রান্তভাবে
ঘুড়ি উড়াতে।
আমি ও পারি

তোমাদের সাথে
হাতে হাত মিলিয়ে কাজ করতে,
তোমাদেরই মতো
আজস্র সহস্রের সাথে
মিলে জনসমুদ্র গড়তে ।।

প্রকৃতির নিয়ম

কোন সে জগত থেকে
একটি ছোট কণা,
পৃথিবীর বক্ষেতে
মেললো তার ফণা ।
তারপরে সে বড় হল
ফুটল মুখে ভাষা,
স্বরূপটি তার প্রকাশ পেল
জাগল মনে নব আশা ।
নতুন নতুন ভিড়কে ঠেলে
উঠলো শেষে শিখরতলে,
পাপ পূণ্যের তোয়াক্কা তার নাই,
যে কোন মূল্যেই তার,
বিজয়ীর সিংহাসন চায় ।
কিন্তু হায়,
জন্ম তার ক্ষণিকের ঘরে,
খেলা এই ধরার পরে
নিমেষেই শেষ হয়ে যায় ।

প্রকৃতি তাকে আপন ঘরে
যতন করে নিয়ে চলে,
যেমন সূর্য উঠে আকাশ তলে
অস্ত পানে ধায় ।
খেলা তার ধরার পরে
শেষ হয়ে যায় ।।

ব্যর্থ আমি

মহাসিন্ধুর মাঝে আমি
বিন্দুসম এক জীব,
সংঘর্ষে বেঁচে আছি
বাঁচতেই উদগ্রীব ।
চারিদিকে প্রতিভার
ছড়াছড়ি দেখি,
তাদের থেকে মাঝে মাঝে
সামান্য কিছু শিখি ।
কর্কশ কন্ঠ আমার
যেন ভোরের কাক,
তবুও নকল কোকিল হতে
মন দেয় না ডাক ।
মুক্ত থাকবে ঝিনুকে,
এটাই স্বাভাবিক,
শামুক হয়ে জন্ম আমার,
শুধু 'শামুক ভাঙ্গা' পাখি চারিদিক ।

পদ্ম হয়ে জন্ম যাদের
ঈশ্বরের পায়ে ঠাঁই,
একি রকম হলেও শালুক
যেন তার ফোটা বৃথাই ।
যার যা কিছু সম্পদ
পৃথিবীকে উজাড় করে দিক,
আমার কিছু নাই,
তা বলে, বোলো না মোরে ধিক ।
আমারও চেষ্টা ছিল,
হইতো পারিনি আমি তা,
তোমার সফলতা
ঢাকুক আমার ব্যর্থতা ।।

ব্যর্থতা

সূর্যোদয়ের সাথে সাথে
শপথ করি আমি,
ভালো মানুষ হতেই হবে
হতে হবে দামী ।
চারিদিকে চিনবে সবাই
আমার কাজের জন্য,
প্রতিবেশী আত্মীয়রা
করবে ধন্য ধন্য ।
দিন চলে দিনের মতোই
শুধু চলে না আমার কাজ,

আসল কথা আমি হলাম
মস্ত ফাঁকিবাজ ।
সূর্য ডোবে আঁধার নামে
সাঙ্গ হয় খেলা,
যেমন কাজ তেমনি থাকে
শুধু হেলায় কাটে বেলা ।
সাধারণ হয়ে জন্ম আমার
সাধারণ হয়েই থাকা,
কাজ না করার খেসারত এই
নিজেকে ব্যর্থতায় ঢাকা ।।

পৃথিবীতে আমি

কিছু দিনের তরে
এই পৃথিবীতে এসে,
কাটালাম সময়
শুধুই কেঁদে হেসে ।
যেটুকু আমি
করেছিলাম আশা,
তার চেয়েও অনেক
পেয়েছি ভালোবাসা ।
জানিনা কতটুকু
সার্থক এই জীবন,
তবে আনন্দ পেয়েছে
মোর প্রাণ-মন ।

জানিনা এখানে
কি কাজ করেছি,
মানুষের উন্নতিতে
কি জিনিস গড়েছি ?
সমাজে আমার
কি আছে অবদান,
পশু পাখী জীবেরে
কি করেছি কল্যাণ ?
কাউকে ঘৃণা
করেছি কিনা,
সে কথা আমার
মনে পড়ছে না ।
ওগো পৃথিবী মাতা
তোমারে করি নমস্কার,
এনো আমারে মাগো
এনো বারবার ।
যদি কোন অপরাধ
করে আমি থাকি,
ক্ষমা করে দিও মাগো
এনো মোরে ডাকি ।
তোমার ভূমিতে মাগো
যুগ যুগ ধরে
থাকিতে মোর
বড় সাধ করে ।।

৩. চেতনা ও মুক্তি

ভালোমানুষ

আজি শূন্যের মাঝে বসে
মিথ্যে আস্ফালন,
যা কিছু মোর ভাবি
সবি পরধন।
রূপ রস বর্ণ গন্ধে
ভরা এই পৃথিবী
কোন কিছুই স্থায়ী নয়
সৃষ্টির সবি হবে ইতি।
সৌন্দর্য্যের গর্ব কেন
শাক্তিদপ্ত হায়,
সব কিছু চূর্ণ হবে
এফ লহমায়।
বিদ্যা বুদ্ধি কোন কিছুই
দেবে না কাজে,
পুরাতন বিসর্জিত হবে
বিশ্ব সাজবে নতুন সাজে।
মৃত্যুর পূর্বেও আমরা
ভাবি যেন অমর,
আশা, করবো আর সঞ্চয়
বাধবো নতুন ঘর।

মৃত্যু ভয়ে মানুষ
নিজেকে নেয় না শুধরিয়ে,
ভ্রমিত হয়ে অসৎ হয়
অন্যায় যায় সয়ে ।
তবুও কিছু ভালোমানুষ
দেবদূতের ন্যায়,
শুধু সমাজে মঙ্গল করে
করে না অন্যায় ।
এরাই সমাজের দৃষ্টান্ত
এরা আরও বাঁচুক,
ঘরে ঘরে শুধু
এমন মানুষ আসুক ।
যাদের দেখে সবাই
শিখবে শুধু ভালো,
মনের আঁধার ঘুচে যাবে
দুনিয়া পাবে আলো ।
পৃথিবী হবে শান্ত
বাড়বে ভালোবাসা আর বিশ্বাস,
সবাই সেদিন সুখী হবে
ফেলবে শান্তির শ্বাস ।।

মুক্তি

স্বপ্নটারে বাধিস নারে,
যেমন খুশি চলুক না ।

আকাশ তটে যাক সে ছুটে,
হৃদয় দোয়ার খুলুক না ।।
সমাপ্ত হোক সমস্ত শোক,
সাঙ্গ করে সব খেলা ।
চন্দ্র তারায় আত্ম হারায়,
আর কিছু নয় এই বেলা ।।
সমস্ত কাজ তুচ্ছ যে আজ,
কাব্য কথা তাই বলা ।
নদীর জলে নৌকা চলে,
শীতল বাতাস দেয় দোলা ।।
জগত জুড়ে দেখনা ঘুরে,
ক'দিন বা আর রইবি বল্ ।
আপন ভবে ফিরতে হবে,
কেনবা তবে করিস ছল্ ।।

মানবিকতা

আমরা সবাই ব্যস্ত আজি
ছুটছি সময়ের সাথে,
বিশ্বের সঙ্গে মিলে গেছি
সব কিছুই পেয়েছি হাতে ।
ঘরে ঘরে মোবাইল
আর কম্পিউটার,
রঙিন টিভি, বাইক
আর রেফ্রিজারেটার ।

রঙিন রঙিন পোশাক
আর রকমারি খাবার,
প্রচুর অর্থ অপচয়ে
চলে প্রমোদ বিহার ।
আসল কথা নিজেকে নিয়ে
ব্যস্ত মোরা সদাই,
স্বার্থ ছাড়া পরের জন্য
ভাবার সময় নাই ।
কখনো মাতি ভিডিও গেমে
কখনো মোবাইলের গান,
টিভি সিরিয়াল সময় মতোই
অন্য সময় ফেসবুকে মন ।
সাধারণের জন্য আছে
আমাদের সরকার,
সব দায় তাই এড়িয়ে চলি
ভাবি, আমাদের নেই দরকার ।
কে রয়েছে অপুষ্টিতে
কার শিক্ষা প্রয়োজন,
কে বা রোগে ভুগছে
কার অর্থ সংকট ভীষণ ।
যখন তারা সাহায্য চায়
আমরা ফেরায় মুখ,
বলি তোমাদের ভোটের সরকার
দেখবে তোমাদের দুঃখ ।
কারোর করুণ মুখ দেখে
দিই হয়তো বিশ টাকা,
বিশাল কিছু করলাম ভেবে

মুখে ফোটে আনন্দের রেখা ।
কিন্তু ওদের বোঝা পাহাড় সমান
যায় না যে কমানো ,
ওদের বোঝা বাড়িয়ে দিয়ে
সমাজ থেকে হয়েছে সরানো ।
আমরা ব্যস্ততার মুখোশ পড়ে
সময় করি নষ্ট,
এই সময়টা ওদের দিলে
ঘুচতো ওদের কষ্ট ।
শিক্ষার আলো ছড়িয়ে গেলে
কাজও মিলতো ভালো
শরীরের প্রতি যত্নবান হতো
ঘুচতো সমাজের কালো ।
সরকারের পাশে তাই
শিক্ষিতদের দাঁড়ানো দরকার,
দেশ আরও সুন্দর হবে
ঘুচবে সকল অন্ধকার ।।

আলো ও আঁধার

নিয়ম মেনে হয় ভোর
নিয়ম মেনে রাত্রি,
আমরা সবাই দিচ্ছি দৌড়
সবাই আলোর পথের যাত্রী ।
সত্যের পথ স্মরণ করে

সরল পথে চলা,
মিথ্যেকে সরিয়ে দূরে
উচিত, সঠিক কথা বলা ।
প্রেম ভালোবাসার সম্পর্ক
হবে মানুষে মানুষে,
হিংসা, ঘৃণা থাকবে নাকো
মন ভরবে না বিদ্বেষে ।
সবাই সবার সহযোগিতায়
দেখবে আশার আলো,
মন্দ কিছু থাকবে না
সবই হবে ভালো ।
কিন্তু, কিছু মানুষ
অন্যকে ভাবে বোকা,
অন্ধকারের পথে চলে
মানুষকে দেয় ধোঁকা ।
অমৃত ভেবে এরা
গরল করে সেবন,
নিয়ম নীতি বিসর্জন দিয়ে
অন্যকে করে শোষণ ।
স্রষ্টার শ্রেষ্ঠ সৃষ্টি
এই পৃথিবী,
তাকে নরক বানিয়েছে
মানবের এই জাতি ।
মানুষের এই লোভ লালসা
করছে প্রকৃতিকে ধ্বংস,
দিন দিন বাড়ছে
এদেরই বংশ ।

এখনই উচিত সবার
আলোর পথে ফেরা,
ভেঙে ফেলা দরকার
কলিরাজের বেড়া ।
না হলে, নিয়ম মেনেই
সন্ধ্যা হবে, নিয়ম মেনেই ভোর,
সব কিছুই চলবে,
শুধু থামবে মানুষের দৌড় ।
তাই বন্ধু এসো,
বাড়ুক ভালোবাসা,
পৃথিবী আবারও স্বর্গ হোক,
জাগুক বাঁচার আশা ।।

আমরা নাকি মানুষ

মাঝে মাঝে হৃদয়
কেঁদে ওঠে যন্ত্রণায়,
আবার তা জমে
বরফ হয়ে যায় ।
এক শ্রেণীর মানুষের
বিলাসিতার বাহার,
আর এক শ্রেণী আজও
খুঁজে চলে আহার ।
আমরা বড্ড
মানাতে শিখে গেছি,

যা খারাপ
তাকে পাত্তা দিইনে বেশি ।
শুধু চাই ভালোর তালে
গা ভাসাতে,
আসল কথা চাই
নিজেকে এড়িয়ে বাঁচাতে ।
দু'দিন আগে ঘুরে এলাম
কলেজ টুরে,
এইতো উত্তরবঙ্গ,
নইতো বেশি দূরে ।
কিন্তু মংপু থেকে
ফেরার পথে,
না না তেমন কিছুই
ঘটেনি আমাদের সাথে ।
ওটা
দৃশ্য বিভ্রাট বটে,
ক্লান্ত ক্ষুধার্ত বৃদ্ধ
পড়েছিল পাহাড়ি পথে ।
আর আজ যা দেখলাম
রানাঘাট স্টেশনে,
এক পাগল খাবারের জন্য
হাতড়াচ্ছিল ডাস্টবিনে ।
ও তো পাগল,
সুস্থ মানুষ তো নয়,
এটাই মনের সান্ত্বনা,
নয় পরাজয় ।
আর সেদিন নবদ্বীপ ধামে

কয়েক জোড়া চোখ,
খুব করুণ দৃষ্টি
যেন তারা নয় আমাদের লোক ।
এইভাবে এড়িয়ে চলতে চলতে
হয় চোখ ধাপসা হয়ে যাচ্ছে,
না হয় মোটা কাঁচের
চশমা পরতে হচ্ছে ।
এইভাবে আমরা ওরা
বিভাজন স্পষ্ট,
সুখীদের নিয়ে আমরা,
তারাই ওরা, যাদের অনেক কষ্ট ।
তবু আমরা মানুষ হিসাবে,
গর্ব করি,
আমরা নাকি জাতির মেরুদণ্ড,
আমরা সমাজ গড়ি ।
মানুষের রূপ ধরে
আমরা করি অভিনয়,
আয়নার সামনে দাঁড়ালে
দেখতে পাবো নিজের প্রকৃত পরিচয় ।।

মৃত্যু

হে মৃত্যু, আমি তোমাকে উপেক্ষা করতে পারলাম না,
জীবনের সঙ্গে তোমার প্রেমের কথা সবারই জানা ।
রজকিনী ছাড়া চণ্ডীদাস, অথবা রাধা ছাড়া কৃষ্ণ যেমন,

তেমনি তুমিও মূল্যহীন, যদি না থাকে জীবন ।
আমি তোমাকে ঘৃণা করি না, কারন আমিও জীবনের
অধিকারী,
জীবনের সাথে অচ্ছেদ্য সম্পর্ক তোমার, তাই শ্রদ্ধা করি ।
জীবন যেমন দিনে দিনে পরিণতির দিকে এগিয়ে যাচ্ছে,
তুমিও এগোচ্ছ সমান্তরালে,
এমনিভাবে একদিন আসবে তোমাদের মিলনতিথী,
আমার দেহের অন্তরালে ।
সেদিন অবুজ শিশুর মতো আমি দ্বিমত করবো না,
কারণ, তোমাদের মিলন অবশ্যম্ভাবী তাই সেদিন দেবো না
বাধা ।
পৃথিবীর যে কোন শক্তি অথবা বৈজ্ঞানিক পদ্ধতি,
সব কিছুই ব্যর্থ হবে, রোধ করতে পারবে না তোমার গতি
।
তাই তোমাকে ভয় করি না, ভয় করেই কিবা হবে ?
আমার জীবন অর্ঘ্য রইল রাখা তুমি যেদিন খুশি নেবে ।
তারপর আমিও আমার প্রিয় পৃথিবী মাকে ছেড়ে,
জানি না কোথায় যাব চলে দূরে অনেক দূরে ।।

অপচয়

সোনার হরিণ পুষবে
এটাই ছিল সখ,
চিন্তায় তাই ঘুম আসে না
রাত্রি জাগে চোখ ।

লটারির টিকিট কেটে
প্রচুর অর্থ ক্ষয়,
অলীক স্বপন দেখে দেখে
সময়ের অপচয় ।
জীবন মধ্যাহ্ন পেরিয়েছে,
তবু খেয়ালহীন,
অন্ধকার নামবে যখন
তখন ফুরিয়ে যাবে দিন ।
কখনই কি হয় না মনে
আসল কাজে অবহেলা,
ভবিষ্যৎ কী বলবে
যখন ফুরিয়ে যাবে বেলা ?
কঠিন এই বাস্তবতা
বোঝা বড় দায়,
ঠেকলেই পড়ে মনে
পরোক্ষণেই ভুলে যায় ।।

সংগ্রাম

যখন জন্মিলেম এই পৃথিবীতে,
তখনই কানে কে যেন বার্তা দিলে
করতে হবে সংগ্রাম;
বিশ্ব মাঝে আপনাকে যুঝিতে
নচেৎ ব্যর্থ এই জনম,
ব্যর্থ হবে মানব নাম ।

তখন থেকেই চলল ঘোর সংগ্রাম মোর,
বিপক্ষীয় যোদ্ধারা হল
ভাইরাস, সমস্ত জীব আর ষড়রিপু গণ;
বারে বারে আহত করে দিয়ে তীক্ষ্ণ শর,
কখন বা লোভ লালসা দিয়ে,
কখন বা করেছে রুগ্ণ ।
কখন বা কাম ক্রোধে হয়েছি দগ্ধীভূত,
কখন বা ঘৃণা লোভ করেছে মোরে নত ।
মাঝে মাঝেই কল্লোলিনীর স্রোতধারা,
পবনদেবের রোষানল
অর্জুনের বাণের মত আমার কুঠিরকে বিধ্বস্ত করে;
আর তপনদেবের অগ্নিশিখা
দেহে ক্লান্তিতে দেয় ভোরে ।
কিন্তু আমি দমিনি কখনও,
করেছি যুদ্ধ সহযোদ্ধাদের তালে তালে,
তবু যুদ্ধ থামেনি এখনও,
বরং বেধেছে যুদ্ধ নিজেদের দলে ।
কারন সবাই চায় শ্রেষ্ঠ সম্মান,
আর সর্বস্ব ভোগ সম্পত্তি;
হায়রে মোদের মনস্কাম,
হায়রে মোদের আসক্তি ।
আজ আমি চক্র ব্যুহে আবদ্ধ,
নিঃসঙ্গ একা,
বার্ধক্য, জরা করেছে মরে ক্ষত বিক্ষত
শুধু নতুন সংগ্রামের অপেক্ষা ।।

নিবেদন

হে বিশ্ববিধাতা জীবনদাতা
প্রণমি তোমারে,
জীবনের পথে বিপদের সাথে
কেন মেলাও মোরে ?
কেন বারবার মোর চারিধার
বিষণ্নতায় ঢাকো,
ফুটিয়ে মুকুল ভাসাও দুকূল
মোরে নিরালায় রাখো ?
কেন ঘন ছায়া ঢাকে মোর কায়া
দিবসে আনে রাত্রি,
চারিদিকে মোর তমসা ঘোর
হই পথ ভ্রষ্ট যাত্রী ।
তুমিই হাসাও তুমিই কাঁদাও
যখন যা হয় মনে,
আমি চাইনে কাঁদতে চাইনে হাসতে
নেও তব শরণে ।।

অন্তিমের ডাক

নির্মল ছিল আকাশ
শান্ত ছিল বাতাস,
কিন্তু হঠাৎ এলো ঝড়

অতি ভয়ঙ্কর,
তরীগুলো তীর
ছাড়তে ব্যস্ত,
কাজ কর্ম সমস্ত
তছনছ,
উপড়ে পড়ছে গাছ;
না, এমন কিছুই নয়,
প্রকৃতি শান্ত ও নির্ভয় ।
আসলে এসব মনের মধ্যে
হঠাৎ যেন নামল সন্ধ্যে,
আকাশের মেঘ ভীষণ কালো,
নিভছে আমার জীবন আলো,
এই ক্ষুদ্র সময়,
তাও কত হল অপচয়,
কিই বা হল সঞ্চয় ?
সবই তো ব্যর্থ মনে হয় ।
কোন জ্ঞাতি হবে সাথী,
সাথে যাবে কোন খ্যাতি ?
শুধু একটু চোখের জল
যেন শেষ সম্বল,
পৃথিবীতে কত বায়ু
তবু পারবে না বাড়াতে আয়ু ।
যত প্রাপ্তি অপ্রাপ্তির ঝুলি
যেন শুন্যের বড়ো গুলি,
সবই যাচ্ছি ভুলি
কে যেন ডাকছে দু'হাত তুলি ।
ঘন অন্ধকারে আমি একা,

আশায় আছি, যদি মেলে তার দেখা ।।

4. প্রকৃতি ও স্বদেশ

কবিতার ঝুলি

মোর কবিতার ঝুলি কী শব্দ তুলি
ঝংকারিছে এই বসন্তে,
পাখিরা সব করে কলরব
হৃদয় নাচে তারি ছন্দে ।
তারি তালে তালে ফুল ফোটে ডালে
ময়ূরেরা করে নৃত্য,
শিশুরা হাসে দোলা লাগে ঘাসে
উৎফুল্ল হয় মম চিত্ত ।
কল্ কল্ নদীজল গাছে ভরা পাকা ফল
আকাশে আলোর ঝলকানি,
ছুটিয়াছে তরিদল ভঙ্গুর সমতল
সমতার পানে হাত ছানি ।
আর্ত শোকার্ত মুখে হাসি ফোটে মহাসুখে
বাসি পেটে পেয়ে নুন ভাত,
দিন কাটে ফুটপাতে কাজ বিনা থালা হাতে
এমনি তাদের বরাত ।
এইভাবে দিনেরাতে আমার ঝুলি হতে
বের হয় তাদের কাব্য গাথা,
কিছু সুখে কিছু দুখে
খুঁজে ফিরি প্রকৃতির বারতা ।।

❧ ❧ ❧

গ্রীষ্মের ছোঁয়া

দুপুর বেলায় গাব গাছ তলায়
বসে আমি একা,
সামনে পরে বই খাতা বন্ধ প্রায় চোখের পাতা
বাতাসের নেই দেখা ।
সূর্য তাপে বিশ্ব কাঁপে
সবাই যাচ্ছে ঘেমে,
নির্জন পথ সুনসান্ মাঠ
সবাই নদীতে পড়ছে নেমে ।
দুপুরবেলা সাঁতার খেলা
নেই কোনো আর কাজ,
অশ্বথ তলায় ভিড় এই বেলায়
সবাই তাসে মেতে আজ ।
বরফে মুখ যেন মহাসুখ
ক্ষণিকের তৃপ্তি আনে,
তালের রস মনকে করে বশ
কিন্তু গ্রীষ্ম আবার হানে ।
গা ধোওয়া বা সরবত খাওয়া
আসে শীতলতা,
পাকা পাকা আম বা লবণ দিয়ে জাম
শুধু গ্রীষ্মে মেলে তা ।
লেপ কাঁথার তলায় লুকানো আর নয়
সব বাঁধন থেকে মুক্তি,

গ্রীষ্ম ফল খেলে প্রচুর পুষ্টি মেলে
বাড়ে দেহের শক্তি ।
চিকে গাদি খেলায় মাতো এই বেলায়
বা ডিগবাজি দেও জলে,
পড়াশুনা রাখো চোখের পাতা ঢাকো
দেখবে কত সুখ মেলে ।
কৃষ্ণচূড়া গাছে কত ফুল ফুটে আছে
এসো দেখে যাও,
বিকালে হাটের বেলা তালশাঁসের মেলা
বসে বসে খাও ।
গ্রীষ্ম সকাল গ্রীষ্ম বিকাল
গ্রীষ্ম দুপুরবেলা,
শুধুই বিরাম শুধুই আরাম
তাই ছন্দ নিয়ে খেলা ।।

বৃষ্টিরাণী

ঝনাৎ ঝনাৎ তালে
বাঁধলে মায়ার জালে
ওগো বৃষ্টিরাণী,
মেঘের ভেলায় ভেসে
আসলে হেসে হেসে
ভুবন পরে পড়ল তোমার চরণখানি,
ওগো বৃষ্টিরাণী ।
তোমার সাথে সাথে

শিশুরা সব মেতে
মাঠে করছে খেলা,
জলের পরে জল
করছে যে ছল্ ছল্
তাতে জমছে মেলা ।
বৃক্ষ শাখে দেখি
পাতের নিচেই পাখী
রয়েছে চুপটি করে,
ঘ্যাঙর ঘ্যাঙর ঘ্যাঙ,
ডাকছে সোনা ব্যাঙ
দূরে ঐ পুকুরে ।
কাজের এখন ছুটি
তোমার সাথে জুটি
বেঁধে নাচছে হৃদয়,
চারিদিকে তুমি
আকাশ কিংবা ভূমি
সূর্যের হয়নি উদয় ।
ঝিঝির মুখে বাঁশি
চাষির মুখে হাসি
শুশুক ভাসছে জলে,
গাছে দোলায় মাখা
নড়ছে সাথে পাতা
মগ্ন নাচের তালে ।
তোমার দেখা পেয়ে
রান্নাঘরের মেয়ে
চাপিয়ে দেয় খিচুড়ি,
বৃষ্টিতে একটু স্নান

কণ্ঠে আসে গান
তারপর লঙ্কা মুড়ি,
ওগো বৃষ্টিরাণী ।।

স্বাধীনতা

স্বাধীনতা স্বাধীনতা
বলছে তো নেতা,
কেউ বলছে দেখছিনা,
কেউ বলছে ভাঁওতা ।
এখনও ফুটপাতে
ল্যাংটো ছেলের দল,
শুধু দুমুঠো খাবারের জন্য
করছে কোলাহল ।
সব স্টেশনগুলোতে
চোখ মেললেই দেখা যায়,
অসহায় মানুষজন
নেই ঠিকানা, নেই আশ্রয় ।
খাদ্য বস্ত্র বাসস্থান
চিকিৎসা আর শিক্ষা,
এই সবই সার্বাঙ্গীন না হলে
তবে কিসের স্বাধীনতা ।
কেউ বা টাকার পাহাড় নিয়ে
বিদেশে দিচ্ছে পাড়ি,
আর কেউ বা শুধুই উপোষ করে

বাড়িতে চড়ে না হাঁড়ি ।
খুন ধর্ষণ আজো চলে
চলে দখলদারিদের রাজ,
থাকলে পরে লজ্জা পেতেন
রবীন্দ্রনাথ, সুভাষ ।
বিচারের বাণী আজো
নিরবে নিভৃতে কাঁদে,
অনেক বিচারের নিষ্পত্তি হয়
বাদীর মৃত্যুর বাদে ।
আইন পুলিশ শাসকদল
চোরাবালির মত,
অনেক দাগী আছে ঢুকে
যেন গভীর ক্ষত ।
আজো শিক্ষিত বেকার
কেন ঘরে ঘরে,
সাম্যতা কোথায় তবে
আবার কবে হবে ।
জনতা চায় প্রকৃত
অথৈ স্বাধীনতা,
অসাম্য দূর হোক
দূর হোক অজ্ঞতা ।।

স্বাধীনতার শপথ

আমরা স্বাধীন, আমারা মুক্ত,

স্বাধীন মোদের দেশ ;
স্বাধীনতার উৎসবে হয়ে যুক্ত,
লাগছে তাই বেশ ।
কত শহীদের রক্তে ভিজে,
মোদের এই স্বাধীনতা ;
শপথ নেব আজ মহৎ কাজে,
সাক্ষী ত্রিরঙ্গা পতাকা ।
অলসেতে সময় ব্যয়,
করব নাকো আর ;
লক্ষ্য হবে পড়াশুনা,
নয়তো খেলোয়াড় ।
মনীষীদের জীবনী গ্রন্থ যত,
পড়বো মাঝে মাঝে ;
সুযোগ পেলেই তাদের মতো
নামবো ভালো কাজে ।
ভবিষ্যতে যাই হই না কেন,
কৃষক জেলে শ্রমজীবী ;
ডাক্তার পুলিশ অভিনেতা
কিংবা নেতা সমাজসেবী ।
শিক্ষার আলো নিয়ে যাব
সব মানুষের কাছে ;
স্বাধীনতার সুফল তবেই পাব,
সফলতা আসবে সকল কাজে ।
আলোর নিচের অন্ধকারে
থাকব নাকো মোরা ;
সন্ত্রাসবাদী লেবেল মেরে,
দেশকে মারবো না ছোরা ।

দেশমাতাকে বাসবো ভালো,
হয়ে শিক্ষিত আর সৎ ;
ঘুচাব যা কিছু কালো,
গড়বো উজ্জ্বল ভবিষ্যৎ ।
বহির শক্রর আক্রমণ
আর হতে দেবনা ;
দেশের তরে বিলাব প্রাণ,
করবো না বাহানা ।
অর্থনৈতিক বৈষম্য,
অশিক্ষারই কারণ ;
সুস্বাস্থ্য সবারই কাম্য,
কিন্তু কুসংস্কার বুদ্ধি করছে হরণ ।
তাইতো সময় এসেছে সাথী,
হাতে হাত দেওয়া ;
একের বোঝা ভেঙে দশের লাঠি
করে, দেশকে এগিয়ে নেওয়া ।
পিঁপড়ে মৌমাছিদের কথা
সবার আছে জানা ;
সমাজ হোক এইভাবে গাঁথা
কেন হবে হার মানা ?
দেশকে মোরা বাসবো ভালো,
যেমন বাসি মা' কে ;
অন্ধকারে ধরব আলো,
সাহায্য করব অন্যকে ।
জাতিভেদ ধর্মভেদ
থাকবে নাতো কিছু ;
এসো ফেলে মনের খেদ,

দেশের মাথা করতে উঁচু ।।

শিবনিবাস

আছে এক শিব ধাম
একটি ছোট্ট নদীর পাশে,
হ্যাঁ, সেটাই আমার গ্রাম,
আমি থাকি শিবনিবাসে ।
নেই প্রাসাদ অট্টালিকা
নেই পাহাড়ের চূড়া,
তবে এখানে পাবে দেখা
শিমূল কৃষ্ণচূড়া ।
আঁকা বাঁকা পথে ঘেরা
আর চারিদিকে বন,
এখান থেকে কঠিন হবে ফেরা,
মুগ্ধ হবে মন ।
সেখানে আছে ছোট্ট ঝিল
নামটি কংকনা,
শুকনো হয়েছে তার দিল,
তবু করে সে আনমনা ।
গাছের পরে গাছের সারি,
মাঠের পরে মাঠ,
নদীর ধারেই আমার বাড়ি,
পাশেই চন্দননগর হাট ।
গ্রামের মাঝে বিদ্যালয়

পাশেই তুঁতের চাষ,
মানুষের মধ্যে সুসম্পর্ক,
সবাই শান্তিতে করে বাস ।
ভৈম একাদশীতে মেলা
চলে এক মাস জুড়ে,
বহু মানুষ ভিড় করে
রামসিতা মন্দিরে ।
চূণী নদীতে নৌকা বিহার
মন্দিরের পাশে,
আনন্দিত হয় সবাই
যারা ঘুরতে আসে ।
সবাইকে তাই আমন্ত্রণ
জানাই শিবনিবাসে,
শিয়ালদা গেদে ট্রেন,
অথবা সাজদিয়ার বাসে ।।

পৃথিবী বাঁচাও, নিজে বাঁচো

যেমন সূর্য উঠে পুব আকাশে
পশ্চিমেতে ঢলে,
তেমনি করে জীবন নদী
শেষের দিকে চলে ।
এই ছোট্ট সময়ের মাঝে
কেন বিবাদ গণ্ডগোল,
সাম্রাজ্যবাদ, রাজনীতি আর

সাম্প্রদায়িকতার ছোবল ।
অশিক্ষা, দারিদ্র্য আর
চিকিৎসার বেহাল ।
খাদ্য ভেজাল, মূল্য বৃদ্ধি
নোটের মধ্যেও জাল ।
অস্ত্র কেনার প্রতিযোগিতা
রাজ্য ভাঙার যোগ,
পরিবেশ দূষণ, খনিজ শোষণ
সব ক্ষেত্রেই গোলযোগ ।
ভাষার মধ্যে অপভাষা,
মাটির মধ্যে সার,
চলছে বেড়ে প্রাইভেট কার
আর পলিথিনের বাহার ।
নদীর বুকে জমছে পলি
সেই দিকে নেই দৃষ্টি,
বরং পুকুর খাঁড়ি বুজিয়ে
হচ্ছে মহাসৃষ্টি ।
পারমাণবিক ত্রাস, জঙ্গি আর সন্ত্রাস
ক্রমেই চলছে বেড়ে,
সবাই সবার চোখের বালি
কেউ চায় না যেতে হেরে ।
নামেই বিশ্বায়ন,
কিন্তু গুমরে কাঁদে পৃথ্বী,
শনি মঙ্গল বৃথাই খোঁজা
নেই কোন তার ভিত্তি ।
সবচেয়ে আগে প্রয়োজন
পৃথিবীতে শান্তি আনা,

অহিংসা, ভালোবাসা দ্বারা
বন্ধ হোক পৃথিবীকে হানা ।
তাহলে পৃথিবী হবে স্বর্গরাজ্য
মানুষ হবে সৎ,
খুঁজে পাবো স্বপ্নরাজ্য
থামবে কলির রথ ।।

আমার ভালোবাসা

আমি বড়ো ভালোবাসি
জ্যোৎস্না রাতে চাঁদের হাসি;
যখন জোনাকিরা খেলা করে
চটকা গাছের উপরে ।
আমি বড়ো ভালোবাসি
নীল আকাশে মেঘের রাশি,
রামধনু রঙ মেখে
যখন আকাশ ঢাকে মেঘে ।
আমি বড়ো ভালোবাসি
ভোর বেলায় বাজা মধুর বাঁশি,
যখন রবিমামা দেয় হামা
গায়ে তার রাঙা জামা ।
আমি বড়ো ভালোবাসি
ষোড়শী মেয়ের মিষ্টি হাসি,
যখন নির্জন পথে
দুজনে হাঁটি এক সাথে ।

আমি বড়ো ভালোবাসি
পূজার ঢাক আর কাঁসি,
যখন উর্বশীরা পুজা মণ্ডপে,
তাকিয়ে থাকে আমার দিকে।
আমি বড়ো ভালোবাসি
নদীর জলেতে পরা সূর্য রশ্মি,
যখন পানকৌড়ি জলে ভাসে
আর আমি থাকি পাড়ে বসে।
আমি বড়ো ভালোবাসি
নৃত্য করে যে আদিবাসী,
মহুয়া নেশাতে জেগে সে রাতে
মগ্ন হয়ে পড়ে মন ভোলাতে।
আমি বড়ো ভালোবাসি
এই বিশ্ব আর যত বিশ্ববাসী,
কৃতজ্ঞতার সুরে বলি বারেবারে,
হে সৃষ্টি কর্তা প্রণামি তোমারে।।

প্রকৃতির মাঝে

নিঃঝুম নিস্তব্ধ রাতে চলেছি নির্জন পথে
বইছে হিমেল হাওয়া,
চন্দ্র আলোর বানে মনে পুলক আনে
প্রকৃতিকে যেন কাছে পাওয়া।
আধো কালোয় আধো আলোয়
দৈতাকার বৃক্ষ সকল,

সরু বনবীথি চারিদিকে ঝিঁঝিঁর গীতি
চোখে নিদ্রার ধকল ।
খসখস্ শব্দ করে শুকনো পত্রের পরে
ঘোরে ফেরে বন্য যত শেয়াল,
পটাপট ডানা ঝাপটায় বাদুড় ও চামচিকায়
জোনাকিরা ঘিরে গাছের ডাল ।
আমি হাঁটি ধীর পায়ে শিহরণ জাগে গায়ে
কে যেন করে আহ্বান,
আজি তারি সন্ধানে চলি আপন মনে
কণ্ঠে রবীন্দ্র গান ।
তারারা লুকিয়ে দেখে চাঁদকে সামনে রেখে
প্রকৃতি মানবের ভালোবাসা,
কালপেঁচা গান গায় গাছে গাছে উড়ে যায়
ত্যজিয়া আপন আপন বাসা ।
মনে দেয় দোলা আমি হই আত্মভোলা
প্রকৃতিকে নিজের কাছে পেয়ে,
সে যেন শুধুই আমার নেই কোন ভাগিদার
যেন আমার প্রেমে পাগল কোন মেয়ে ।
তাইতো আমি বারবার আসি প্রকৃতির দ্বার
একান্তে নিঝুম রাতে,
নিরালায় বসে খুলি আমার কবিতার ঝুলি
মিলে প্রকৃতির সাথে ।।

৫. প্রেম ও বিরহ

তোমার ভাবনায়

তুমি মোর
স্বপনের মল্লিকা,
আকাশের বুকে ভাসা
শুভ্র বলাকা ।
প্রজাপতির পাখনার মতো
রঙিন তোমার মন,
তোমার প্রতিচ্ছবি তাই
দেখি সারাক্ষণ ।
চূর্ণী নদীর জলের মতো
স্বচ্ছ তোমার হৃদয়,
তাইতো তোমার স্থান
আমার মনের মণিকোঠায় ।
জ্যোৎস্না মাখা চাঁদের মতো
তোমার মুখশ্রী,
ফেসবুকের মাঝে তাই
তোমাকে খুঁজছি ।
টিভি সিরিয়াল, সিনেমা,
খেলা আর গান,
সব কিছুই তুচ্ছ আজি
তোমার কাছে ম্লান ।

তোমার জন্যই কবিতা
আর প্রকৃতিকে ভালোবাসা,
তোমাকে পাবো আপন করে
এটাই মনের আশা ।।

বিরহ বেদন

আমি তোমার জন্য বসে আছি
একলা বাতায়নে,
তুমি কি আমায় ভুলে গেছ
পড়ছে নাকো মনে ?
আকাশ ভরা চাঁদের আলো
বাতাসে মাটির গন্ধ,
এখনও কি মনের সাথে
করছ তুমি দ্বন্দ্ব ?
শেষ হল পাখিদের গান
শুরু জোনাকির খেলা,
সূর্য মামা অস্তে গেছে
তবুও করছ অবহেলা ?
তুমি না এলে গাছে গাছে
ফুটবে না আর ফুল,
তুমি না এলে নদী
হারাবে তার দু' কূল ।
তুমি না এলে ঘোর তমসা
আসবে আমার মনে,

তুমি না এলে আমি
হারাবো দুঃস্বপ্নে ।
তুমি আমার চাঁদ
তুমিই চন্দ্রমুখী,
তোমাকে পেলে তাই
হই মহাসুখী ।
আমার মনের চাবি তুমি
তোমায় পেলে হবো ধন্য,
সবকিছুতেই তাই তোমাকে খোঁজা
বাঁচাও তোমার জন্য ।
তোমার রূপের শোভা পেতে
জাগি কত রাতি,
তবুও কেন দূরে থাকো
হও না কেন সাথী ।
রূপের সেরা তুমি
তোমার রূপের কাছে,
সমস্ত তারারা যেন
ম্লান হয়ে গেছে ।
তুমি শরীরের রক্তের মতো
তুমিই আমার প্রাণ,
আমি যদি বাতি হই
তুমি বিদ্যুতের সমান ।
তাইতো প্রিয়া তোমাকে
ডাকি বারবার,
তুমিই বল দূরে
থাকবে কত আর ?

তোমার লাগি

আমি তোমার লাগি বসে থাকি ,
দিবস রাত্রিবেলা,
আড়চোখে তুমি তাকাও আমি দেখি,
তবু করো অবহেলা ।
বিরহ প্রেমে জ্বলছি আমি,
ব্যাকুল তোমারে পেতে,
তবু দূরে দূরে চলছো তুমি,
অন্য কাজে থাকছো মেতে ।
জানি না তুমি পাষাণ কিনা,
নাকি অন্যকে ভালোবাসো,
আর বাজবে না আমার বীণা,
যদি তুমি না আসো ।
যেমন তোমারে ভালোবেসেছি,
তেমনি বেসে যাব,
আশায় আশায় বুক বেঁধেছি,
ঠিকই তোমারে পাবো ।।

আমার ভালোবাসার পাখি

মনে পড়ে আজ ভীষণভাবে
সেই পাখিটির কথা,

উড়ে গেলো সে খাঁচা ছেড়ে
দিয়ে মনে ব্যথা ।
বনের পাখি ছিল বনে,
ছিল না কোন বন্ধন,
হঠাৎ কেন উড়ে এসে
কেড়ে নিল মন ।
প্রথম দিনটি ঘটনা বহুল
কখনই ভোলার নয়,
ফুলের বনে ঘোরার পথে
পেলাম তার পরিচয় ।
রূপের ডালি সাজিয়ে
বসেছিল গাছের ডালে,
রঙিন ডানা মেলছিল
তারি শিসের তালে তালে ।
ফুলের বাহার চারিদিকে
ছিল রঙিন পরিবেশ,
তারি মাঝে মধুর ধ্বনি
লাগছিল বেশ ।
আমি মুগ্ধ হয়েছিলাম
তারি আকর্ষণে,
অনেক চেষ্টার ফলে
তাকে আনলাম আমার সনে ।
সুন্দর খাঁচা বানিয়ে তারে
দিলাম উপহার,
বন্য পরিবেশ হারিয়ে
সে পেল নতুন ঘর ।
মনের খেয়ালে মাঝে মাঝেই

করত সে গান,
কখনো বা নৃত্য করে
করতো আনন্দ দান ।
আমার হাত থেকে খেত
করত জলপান,
পরিবারে সে ভীষণভাবে,
নিয়েছিল স্থান ।
হঠাৎ দেখি মন মড়া সে,
বন্ধ করেছে গান,
নৃত্য ছন্দে মাতে না আর,
আহার নিদ্রা হয়েছে অবসান ।
ভীষণ কষ্ট, চিন্তিত মন,
কিছুই বোঝা যায় না,
কেন সে ত্যজিল সব,
কেন আর কথা কয় না ।
হঠাৎ একদিন ভরবেলায়
আলো আঁধারে,
দেখি সে চলে গেছে,
অনেক অনেক দূরে ।।

ভালোবাসা ও ভালোবাঁচা

ভালোবাসা বাঁচায় আশা
যদি কেউ ভালোবাসে তোমার মনের মতোই,
নইলে জীবন হবে কষ্টে ঠাসা

বুদ্ধিমান অথবা ধনী হও যতই ।
ভালোবাসা বাড়ায় দায়িত্ববোধ
আর তৈরি করে প্রীতির সম্পর্ক,
দুঃখ – কষ্টের পথ হয় রোধ
দুনিয়া মনে হয় স্বর্গ ।
ঈশ্বরের সৃষ্টি এই মানবজাতি
বুদ্ধি বলে সবার সেরা,
এদের দ্বারাই চালিত হয় পৃথিবী
অন্যেরা সব হলো ঘেরা ।
যদি এরা নিষ্ঠুর হয়
নিজেদের অথবা অন্যের প্রতি,
চারিদিকে চলে রক্তক্ষয়
স্তব্ধ হয় চলার গতি ।
ভালোবাসা মানুষকে মানুষের
এবং প্রকৃতিকে কাছে টানে,
সমগ্র দুনিয়া হয় আপন ঘর
আপন পরের থাকেনা আলাদা মানে ।
মানুষে মানুষে বাড়ে মেলামেশা
মত প্রকাশ করা যায় সোজাসুজি,
সমস্ত কাজ হয় সোজা
থাকেনা কোনো ভুল বোঝাবুঝি ।
যদি কেউ হয় ভালোবাসা বিরূপ
ঘৃণা করে অন্যদেরকে,
তবে নষ্ট হবে তার স্বরূপ
পড়বে সে পঙ্কিলতার জটিল পঙ্কে ।
যদি কেউ শুধু ভালোবাসে
তবে সে ভালোবাসা পাবে,

আর যদি না বাসে
তবে বৃথায় তার জীবন যাবে ।
তাই বন্ধু বলি তোমাদেরকে
ভালোবাসো ও ভালোবাসা পাও,
ক্ষণিকের এই জীবনকে
সফল করে যাও ।।

বসন্তে শূন্যতায়

বসন্ত যায় বসন্ত আসে
বাতাসে ফুলের গন্ধ ভাসে,
আনন্দে মাতে ধরা,
শুধু আমার আশপাশ
থাকে শূন্যে ভরা ।
সজ্জিত বৃক্ষ শাখে
বসন্তের কোকিল ডাকে,
রাতের আকাশে থাকে লক্ষ লক্ষ তারা;
তবু আমার চারিপাশ
শূন্যতায় ভরা ।
শিমুল পলাশের রঙ
প্রকৃতির আভরণ,
করে অপূর্ব রঙিন
যেন সদ্য যৌবন
পেল ধরা ।
শুধু আমার আকাশ আজি

শূন্যতায় ভরা ।
চারিদিকে কোলাহল,
চলেছে মানুষের ঢল,
বসন্ত রঙের খেলায়
সবাই মাতোয়ারা ।
আমার মনে তবু
গ্রীষ্মের খরা ।
যারে পাওয়ার আশে
গিয়েছিলাম যার পাশে,
দেখি অন্যের সাথে
বেঁধেছে গাঁটছড়া ।
আমার প্রকৃতি তাই
শুন্যেই রইল ভরা ।
তোমার সাথে ছিল আমার মনের মিল,
আমার হৃদয়াকাশে উড়ত
তোমার মনের চিল ।
শুধু বসন্ত আবীরে তোমায়
হয়নি রঙিন করা ;
তাইতো আজো আমি
শুধু শূন্যতায় ভরা ।
তোমার প্রতিচ্ছবি
মনে গেঁথে আমি কবি,
বসে বসে লিখি শুধু
ব্যর্থতার ছড়া,
আমার হৃদয় থাকুক
শূন্যতায় ভরা ।।

তোমার জন্য

জানি আমি জানি,
তোমার জন্য আছে
আমার হৃদয়খানি ।
রজনিগন্ধা ফুলের রাশি
যেন তোমার মুখের মিষ্টি হাসি,
চাঁদের দিকে তাকিয়ে দেখি
তোমার চোখের মণি;
তোমার জন্য রয়েছে
আমার হৃদয়খানি ।
আমার মনে তোমার বাসা
শুধু তোমাকে ভালোবাসা,
ঝিঁঝিঁর শব্দে পাই যেন
তোমার নূপুর ধ্বনি;
তোমার জন্য আছে
আমার হৃদয়খানি ।
যখন তুমি করো গান,
আনন্দে ভরে আমার প্রাণ,
চোখ বুঝলেই যেন তার
অনুরণন শুনি;
তোমার জন্য বেঁচে আছে
আমার হৃদয়খানি ।
যখন ঠাণ্ডা বাতাস বয়
দেহ মন শীতল হয়,

চারিদিকের পরিবেশ জানায়
তোমার আগমনী;
তাইতো হৃদয় খোঁজে তোমায়,
বসে আমি দিন গুনি ।।

গোলাপ

গোলাপ, কত সুন্দর তুমি
সৃষ্টি যেন আমার ঘরে,
তোমাকে তাই আহ্বান করি
এসো তুমি আমার ঘরে ।
কেন বিলম্ব কর তুমি
কেন হও অভিমানী,
এতে শুধুই কাটছে সময়
হচ্ছে তোমার সৌন্দর্যহানি ।
আসতে যখন হবেই তোমার
করছ কেন দেরি ?
পরাণে মোর বিরহ ব্যথা
আর সইতে না পারি ।
মৃত্যুর কোলে যখন
পরবো আমি ঢুলে,
তখন কি আসবে তুমি
হাওয়ায় দুলে দুলে ?
ওহঃ তুমিতো পরের অধীন
মালি তোমার পিতা,

সেই রচনা করবে তোমার
সুখী জীবনের পাতা ।
সে হইতো লোভে পরে
দেবে মাতালের ফুল শয্যায়,
দস্যুর পদদলিত হবে
পরবে ভীষণ লজ্জায় ।
হইতো বা তুমি অর্থের মূল্যে
পরবে কোন লম্পট ধনীর হাতে,
তার কাছ থেকে উপহার হিসাবে
পরতে পারো আরেক বন্ধুর পাতে ।
হইতো তুমি ভাগ্যের বলে
পেতে পার ঈশ্বরের চরণ ঠাঁই,
কিন্তু এমন সৌভাগ্য
বল কয়জনেই বা পায় ?
ওগো প্রিয় গোলাপ
আমি তোমাকে প্রকৃতই ভালোবাসি,
এসো না মোরে বিলিয়ে দিতে
তোমার পাপড়ি মেলা হাসি ।
যদি পার তবে দেরি যেন
ওগো প্রিয় এস মোর হাতে,
মোর ঘরকে আলোকিত করো
শোভা বাড়াও মোর ফুলদানিতে ।।

প্রিয়া তোমার টানে

তোমার কবিতায়
দিলে যা আমায়,
কি মূল্য দেব তার
কিবা আছে উপহার ?
ভালোবাসা অন্তঃস্থলে
আঁখি ভরে নয়ন জলে,
তবু নীরব ওষ্ঠদ্বয়
কালের সময় ক্ষয় ।
এসেছো বারেবার
সম্মুখে আমার,
তবু পারিনি বলে
ছন্দে সাজালে ।
তোমার ছন্দের টানে
আকুল আহ্বানে
কাঁদে পরাণ মোর
চাই যেতে তোমার দোর ।
নদী যেমন ছুটে চলে
সাগরের পানে,
তেমনি আমার মন
ছোটে তোমার টানে ।
কমল পুষ্পের লাগি
ব্যাকুল ভ্রমর যেমন,
পূর্ণিমার চাঁদ লাগি
আঁধারও তেমন ।
তোমার সান্নিধ্য চাহি

ফাটে অন্তর মোর,
মুখ তবু ভাষাহীন
দেখি চোখে ঘোর ।
তবুও আশাবাদী
দেখে এই প্রকৃতি,
কেননা, তাড়াতে গ্রীষ্মের খরা
আসে বর্ষাধারা ।
তপ্ত ভূমি শীতল
হয় বর্ষার জলে,
তেমনি পরাণ শান্ত হবে
তোমার আগমনে ।।

নীরবতা

তোমার নীরবতা বলে সকল কথা
তোমার মনে যা গোপনে
তুমি দিয়েছ রেখে,
ফেরালে মুখ দিলে যে দুখ
কি যে কারণে নিজেকে আভরণে
রাখলে যে ডেকে ।
কিছুদূরে গিয়ে পিছুপানে চেয়ে
তোমারে দেখি দেখি কাজল কালো আঁখি
রয়েছে যে চেয়ে,
অন্তরের হাসি চোখে ভাসি
জ্বল জ্বল করছে আমারে পুড়িয়ে মারছে,

স্বপ্ন তাই তোমাকে নিয়ে ।
ভাবি মনে মনে তোমার স্বপনে
আসি কি কোনদিন, তোমার রঙিন
ভাবনায় ভিজে ?
তোমার সাথে দেখা তবু পথ চলা একা
এ কী যে ব্যথায় আমারে কাঁদায়
তা বুঝি শুধু নিজে ।
একদিন নদীকূলে তুমি বসেছিলে ভুলে,
আমি ফুলের তোড়া দিই যে ত্বরা
বললাম মনের কথা,
তুমি পাশে এসে দিলে মৃদু হেসে
মনের বাঁধন করে থগুন
ভাঙলে নীরবতা ।।

যে থাকে মনের মাঝে

আমি ভুলতে পারিনা তারে,
ভালোবাসি যারে;
আমার হৃদয় মণিকোঠায়
দিই তার ঠাঁই;
আমার স্বপনের আকাশে,
শুধু সে ভাসে;
আমার সকল কল্পনায়
তারে খুঁজে পাই;
সে দিনে রাতে

চলছে যেন আমার সাথে;
তার পাগল করা হাসি
আমি বড়ই ভালোবাসি,
তার কাজল চোখের দৃষ্টি,
লাগে ভারি মিষ্টি;
তার ঢেউ খেলানো চুল,
যেন নব প্রেমের ফুল;
তার মন্থর বেগে চলা,
যেন কাছে আসতে বলা;
তার দেহের নিটোল গড়ন
করে যে মন হরণ;
তার বাহুর কাঁকন ধ্বনি
আমি কান পেতে শুনি;
যখন তার পায়ের নূপুর বাজে
সে আসে নব সাজে,
বুঝি, তারও মনে দেয় দোলা,
তবু সে যে অবলা ।
আমিও বুঝি সবি
তাইতো হলাম কবি ।
তারপর এক সময়
ঘটে তার বিদায়,
ধীরে ধীরে সব ফুরিয়ে যায়,
শুধু সে থাকে স্মৃতির পাতায় ।।

6. বিবিধ

ছুটি

ছুটি মানে ব্যস্ততার মাঝে
একটু আরাম,
ছুটি মানে মনের সাথে
ভাবনা অবিরাম ।
ছুটি মানে সাইকেল চেপে
রাস্তায় হওয়া খাওয়া,
ছুটি মানে আপনজনদের
একটু কাছে পাওয়া ।
ছুটি মানে মায়ের কাছে
গল্প সারাদিন,
ছুটি মানে টেলিভিশন
চলবে বিরামহীন ।
ছুটি মানে নদীতে গিয়ে
জলের সাথে খেলা,
ছুটি মানে পড়াশুনায়
একটু অবহেলা ।
ছুটি মানে রবীন্দ্রনাথ
কবিতা বা গান,
ছুটি মানে চাপহীন
মুক্ত জীবন ।

আসলে ছুটি হল
নতুন করে চলার শপথ,
ক্লান্তিকে ঝেরে ফেলে
চলতে হবে পথ ।।

নতুন বছর

পুরানো বছর থেকে
আজ নতুন বছরে আসা,
দুঃখ কষ্ট ভুলে গিয়ে
জাগল নতুন আশা ।
পুব আকাশে নতুন সূর্য
এল নতুন আলো নিয়ে,
পুরাতন সব বিদায় নিল
গেল দিনের আলোয় মিলিয়ে ।
মিষ্টি, কেক আর গোলাপ ফুলে
শুরু প্রেমের বিতরণ,
নতুন বস্ত্র পরিধানে
যেন নতুন হল মন ।
এইভাবেই বছর বছর
নতুন হোক সব,
বন্ধুত্ব বাড়ুক আরও
শুরু হোক আনন্দের কলরব ।।

গণিত বন্দনা

অংকে কেন শঙ্কা তোদের, অংকে কেন ভয় ?
অংককে উপভোগ করো, হবেই হবে জয় ।
ভাবো অংক মৌমাছির চাকে ভরা মধু,
মধু থেকে বঞ্চিত হয়ে ভয়ে পালাবে শুধু ।
কেন অংকশূন্য মনে স্বেচ্ছা বিদায় নাও,
অংকের জ্ঞান আহরণে একটু সময় দাও ।
অংক হল অমরাবতীর অমৃত সমান,
অংক বহু মানবেরে করেছে মহীয়ান ।
অংকের স্তরে স্তরে পুলকরাশি ভরা,
যেমন পুলক জাগায় পূর্ণিমার চাঁদ, অমাবস্যার তারা ।
ফাঁকা মাঠে পূর্ণিমাতে একা হাঁটা,
কিংবা গ্রীষ্ম ভোরে নদির জলে সাঁতার কাটা,
কতই বা রোমাঞ্চকর উঠা পাহাড় চূড়ায়,
কিন্তু অংক সমাপনে রোমাঞ্চ জাগে প্রতিটি কোষ শিরায় ।
যদি ভোরে পাখির সুরে সুখ নিদ্রা ভেঙে যায়,
কেউ কি পরিতাপ করি, করি কি হায় হায় ?
তেমনি অন্য সুখ ত্যাজি অংক করা এমন কিছুই নয়,
অংক এমন মোহময়ী, অংক এমনি সুখময় ।
যদি কেউ অংক করে সামান্যও ভালোবাসি,
মলিন হবে না বদন তাদের, ফুটবে মুখে হাসি ।
অংকের উপযোগিতা কে বল না জানে ?
অংকের বলে দুনিয়া চলে, চলে অংকের আহ্বানে ।
ইলেকট্রন, প্রোট্রন থেকে মহাশূন্যের দেশ,
অংকের বিরাজ সর্বত্র, এর নেই শেষ ।

অংকের বিস্তৃতির কথা বলে হবে না শেষ,
তাই এসো অংক করি, ভুলে দ্বন্দ্ব দ্বেষ ।।

রবীন্দ্রনাথ

হে কবি রবীন্দ্রনাথ
লহ মোদের প্রণাম,
তুমি হলে বাঙালীর নাথ
তাই তোমারি হলাম ।
তোমার গান মনোলোভা
নৃত্যের রশদ যোগায়,
সেখানে বাড়ে শোভা
যেখানে তোমার গান হয় ।
তোমার কবিতা তুলনাহীন
মনকে দেয় দোলা,
তোমাকে মাপা খুবই কঠিন
নেই যে সাগার তুলা ।
জীবনের প্রতিপদে
তোমার সঙ্গ পাই,
তুমি আজও মোদের সাথে
তুমি ছাড়া বাঁচা দায় ।
ভাবের সমুদ্রে আছো তুমি
সুখ দুঃখেরও সাথী,
তোমার মাঝে হারায় আমি
তুমি আছো দিবস রাতি ।

দলে দলে আসে কত কবি
যেমন রাতে আসে তারা,
তুমি হলে দিবসের রবি,
তোমার আলোয় ম্লান তারা ।
রঙিন প্রজাপতির মতো
আসছে কতই গান,
কবিতাও আসছে শত শত
কিন্তু কাড়েনি তোমার স্থান ।
বাংলা ভাষা পূর্ণতা পায়
তোমারি লিখনে,
তাইতো তোমার অস্ত নাই,
তুমি সদাই থাকো স্মরণে ।
মনের মাঝে তোমার বিরাজ
তুমি মুখের ভাষায়,
কলমেতেও শুধু তুমি আজ
তুমি সকল ভাবনায় ।
হে কবিগুরু বিশ্বকবি
তোমারে আবারও প্রণাম,
তুমি বাংলার শাশ্বত কবি
বাঙালী ভুলবে না তোমার নাম ।।

সময়

সময় ভীষণ কম,
তাই জোড়ে জোড়ে চলা

যেন ফুরিয়ে যাচ্ছে দম ।
আর একটু পড়েই
নামবে আঁধার
সব কিছুরই হবে হার ।
তারি আগে পৌঁছাতে হবে
ঐ চূড়াটার দিকে,
যেখান থেকে সময়
কাউকে ছিনিয়ে নিতে
পারবে না ।
যেখানে মৃত্যুও যেন
হার মানে ।
তাইতো আরও জোড়ে জোড়ে,
আরও জোড়ে ।
শীর্ণ দেহে, বিধ্বস্ত মনে,
তবুও চলার শেষ নেই ।
সময় ভীষণ কম,
কত আদর্শ অনাদর্শকে
আঁকড়ে চললাম,
তবুও চূড়াটা দূরেই থেকে গেল,
শুধু দেখা যায়,
ছোঁয়া দায় ।
আরও জোড়ে, আরও জোড়ে,
বাটিবাটি ওষুধ সম্বল করে,
নইলে এখানে আসাটায় যে
আশাহত করবে ।
সবাই ছুটছে,
কেউ লক্ষ্যের দিকে,

কেউ বিপরীতে,
চারিদিকে বিভ্রান্তের মতো,
কেউ সঠিক দিশায়, কেউ দিশাহীন,
কেউ বা হাল ছেড়ে মাঝ পথে
পড়ে আছে ।
অনেকে অনেক পূর্বেই
শেষ হয়ে যাচ্ছে,
চারিদিকে শেয়াল শকুনের দল
কলরব করে চলেছে,
সুযোগ পেলেই কামড়ে দিচ্ছে
নেকড়ের দল,
তবুও চলা বন্ধ করা যাবে না ।
চলা মানেই জীবন,
আর থেমে থাকা মানে পরাজয় ।
কিন্তু সময় চক্কর কেটেই চলেছে,
সে যমদূতের মতো শুধু সুযোগের
অপেক্ষায়,
পৌঁছানোর পূর্বেই যেন তুলে নেবে
এমনিই পরিকল্পনা ।।

যখন আমি পাখি

আমি যদি পাখি হতাম
আকাশ পথে উড়ে যেতাম,
আনন্দেতে খেতাম মেঘের ঢেউ ।

উড়ে যেতাম চাঁদের দেশে
দূরে অনেক দূর আকাশে,
পেতো না খুজে কেউ ।।
যেখানে থাকতো ফুলের সারি
দিতাম আমি সেখায় পাড়ি,
আনতাম অনেক ফুল ।
সাগরকে মানাতাম হার
ডিঙিয়ে যেতাম কত পাহাড়,
ভয় হতো নির্মূল ।।
আলোর রশ্মি বেয়ে
চলতাম আমি ধেয়ে,
সমগ্র জগত হতো বাড়ি ।
তাইতো সদায় ভাবি
কি করে হবে এ সবি,
দুটি ডানা ভীষণ দরকারি ।।

পণ্ডিত হবো

ইচ্ছে আমার পণ্ডিত হবো
কিন্তু হতে পারছি না,
সমস্যা এসে ধরছে ঠেসে
তবু আশা ছাড়ছি না ।
রাত জেগে পড়বো বলে
ঘুমায় সাড়ে ছটায়,
সকাল সকাল উঠবো ভাবি,

কিন্তু উঠছি সাড়ে নটায় ।
পরে পড়া করবো ভেবে
রাখছি পড়া ফেলে,
কিন্তু পরে পড়ার সময়
আর না মোর মেলে ।
এইভাবে বছরটা মোর
হেলায় গেলো ভেসে
বাৎসরিক পরীক্ষাটা
আসলো অবশেষে ।
পরীক্ষার প্রশ্ন দেখে
চোখে সরষের ফুলের সারি,
ভাবি কিছু না লিখে
চলে যাব বাড়ি ।
কিন্তু মনে ইচ্ছা জাগে
করতে হবে পাশ,
নাই বা আমি পারলাম হতে
সকলের মধ্যে ফার্স্ট ।
পরীক্ষা শেষে করি শপথ
এবার ঠিক পড়বোই
নাম্বার যাইহোক না কেন
পণ্ডিত আমি হবোই ।।

শিশুমন

শিশুরা চায় না

পড়তে যে বই,
পড়া ফেলে রাতদিন
করে হইচই ।
খেলা তাদের সঙ্গী
আর মারামারি,
খেলা ছাড়া আর কিছু
লাগে না যে ভারি ।
কথা কেটে কেটে বলে
লাগে ভারি মিষ্টি,
পিতা মাতা তার প্রতি
রাখে কড়া দৃষ্টি ।
যখন তখন মন
উড়ে যায় আকাশে
ডানাছাড়া শিশুমন
ভেসে যায় বাতাসে ।।

www.ingramcontent.com/pod-product-compliance
Lightning Source LLC
Chambersburg PA
CBHW031327130726
47988CB00007B/3025